Einsatz von Robotic Process Automation in einem ERP-System

Octavian Zaiat

Bibliografische Information der Deutschen Nationalbibliothek:

Die Deutsche Nationalbibliothek verzeichnet diese Publikation in der Deutschen Nationalbibliografie; detaillierte bibliografische Daten sind im Internet über http://dnb.d-nb.de abrufbar.

ISBN: 9783346494252
Dieses Buch ist auch als E-Book erhältlich.

Druck und Bindung: Books on Demand GmbH, Norderstedt Germany
Gedruckt auf säurefreiem Papier aus verantwortungsvollen Quellen

Das vorliegende Werk wurde sorgfältig erarbeitet. Dennoch übernehmen Autoren und Verlag für die Richtigkeit von Angaben, Hinweisen, Links und Ratschlägen sowie eventuelle Druckfehler keine Haftung.

Das Buch bei GRIN: https://www.grin.com/document/1129247

FOM Hochschule für Oekonomie & Management

Hochschulzentrum Frankfurt am Main

Berufsbegleitender Studiengang zum Bachelor of Science

Wirtschaftsinformatik

6. Semester

Seminararbeit

Einsatz von Robotic Process Automation in einem ERP-System

Autor:	Octavian Zaiat
Abgabedatum:	26.06.2021

Inhaltsverzeichnis

Abbildungsverzeichnis

Tabellenverzeichnis

Abkürzungsverzeichnis

ERP	Enterprise Ressource Planning
IRPAAI	Institute for Robotic Process Automation & Artificial Intelligence
KI	Künstliche Intelligenz
ROI	Return of Investment
RPA	Robotic Process Automation
SPA	Smart Process Automation

1. Einleitung

Automatisierung ist ein zentraler Begriff im Unternehmensumfeld, wenn es um Prozess-effizienz- und Optimierungen geht. Ein neuer Trend, der immer mehr an Bedeutung gewinnt, ist die Automatisierung von Geschäftsabläufen im Büro, die auch unter dem Begriff Robotic Process Automation zu finden ist. Die Roboter stehen in virtueller Form zur Verfügung und unterstützen Menschen in der Abwicklung von digitalen Geschäftsprozessen. Gerade im ERP-Bereich bietet RPA ein enormes Potenzial, denn durch die Robotisierung von Geschäftsprozessen entfallen manuelle wiederkehrende Arbeitsschritte, für die sich der Mensch eher weniger eignet.[1] Softwareroboter unterscheiden sich weniger von den physischen Roboter, denn sie verfolgen gleiche Ziele, indem sie Geschäftsprozesse optimieren, Kosten reduzieren und die Qualität steigern. Während Unternehmen die Entwicklung neuer Technologien begrüßen, sammelt sich in den Kreisen der Angestellten Skepsis, dass die Automatisierung sie eines Tages überflüssig auf dem Arbeitsmarkt machen wird. Mit der Weiterentwicklung der künstlichen Intelligenz steigen auch die Sorgen, dass die intelligenten Maschinen Millionen von Arbeitsplätzen vernichten werden. Laut einem Beitrag von *zeit.de* könnten in den USA bis im Jahre 2030 rund 47 Prozent aller Arbeitsplätze durch Automatisierung verloren gehen.[2] Dass dieses Szenario eintreten könnte, zeigt einen aktuellen Beitrag des Job-Futuromats des Instituts für Arbeitsmarkt- und Berufsforschung, dass Maschinen heute sogar in der Lage sind, Tätigkeiten eines Steuerfachangestellten zu übernehmen.[3] Das könnten auf dem ersten Blick alarmierende Zeichen sein, dass durch die Maschinen eine Bedrohung entstehen könnte, aber in der Entwicklung solcher Roboter, insbesondere bei RPA stecken andere gute Gründe. Sie kommen zum Einsatz, um Mitarbeiter beispielsweise in Controlling oder Buchhaltung zu entlasten und ggf. bei der manuellen Eingabe eines Berichts zu unterstützen. Mitarbeiter sind die wichtigste, knappste und wertvollste Ressource in einem Unternehmen, deshalb soll deren Potenzial und Zeit nicht mit wiederholenden Routinetätigkeiten verschwendet werden, die in der Regel zu Fehlern und geringer Qualität führen können.[4]

[1] Vgl. *Tripathi, A. M., Learning Robotic Process Automation,* (2018)., S. 6.
[2] Vgl. zeit.de (2016).
[3] Vgl. vkb.de (2021).
[4] Vgl. *Koch, C., Fedtke, S., Robotic Process Automation,* (2020)., S. 1-2.

Ziel dieser Arbeit ist es, den Einsatz von Robotic Process Automation in ERP-Systemen zu erläutern, geeignete Geschäftsprozesse zu analysieren und deren Automatisierung mit Roboter zu demonstrieren.

2. Begriffliche Grundlagen

Für den Einstieg in das Thema ist es erforderlich einige Begrifflichkeiten zu klären.

Robotic Process Automation (RPA)

Laut dem Institut für Robotic Process Automation und Artificial Intelligence (IRPAAI) wird Robotic Process Automation wie folgt definiert:

Definition: „Robotic Process Automation (RPA) is the application of technology that allows employees in a company to configure computer software or a ‚robot' to capture and interpret existing applications for processing a transaction, manipulating data, triggering responses and communicating with other digital systems."[5]

Der programmierte Roboter ist nichts anderes als eine Software, die auf eine definierte Benutzeroberfläche, Anwendung oder einen Browser zugreifen und manuelle Arbeitsschritte automatisch ausführen kann. Ziel von RPA ist es nicht, Mitarbeiter im Unternehmen zu ersetzen, sondern sie bei monotoner und fehleranfälliger Arbeit zu unterstützen und ihnen mehr Freiraum zu geben, sich auf komplexere Aufgaben konzentrieren zu können. Eine Besonderheit bei der Verwendung von Robotersoftware in Geschäftsprozessen besteht darin, dass keine wesentlichen Änderungen an der vorhandenen IT-Infrastruktur vorgenommen werden müssen, da in der Regel dieselbe Benutzeroberfläche verwendet wird.[6]

Enterprise Ressource Planning (ERP)

Definition:" Unter ERP (Abkürzung von engl.: enterprise resource planning) versteht man eine aus mehreren Komponenten bestehende integrierte betriebliche Anwendungssoftware, die die operativen Prozesse in allen wesentlichen betrieblichen Funktionsbereichen unterstützt (Finanz- und Rechnungswesen, Personalwirtschaft, Materialwirtschaft, Produktion, Vertrieb). Die Integration wird dabei von einer zentralen Datenbank

---

[5] IRPAAI (2019).
[6] Vgl. *Smeets, M. u. a., Robotic Process Automation (RPA) in der Finanzwirtschaft,* (2019)., S. 7-8.

getragen, wodurch Datenredundanzen vermieden und integrierte Geschäftsprozesse ermöglicht werden."[7]

3. Vorteile und Nachteile eines automatisierten ERP-Systems

In diesem Kapitel werden die Vor- und Nachteile von Robotic Process Automation in ERP-Systeme betrachtet.

3.1 Vorteile

Robotic Process Automation kann die Qualität von Prozessen verbessern, da durch Automatisierung, Fehler vermieden werden, die durch eine menschliche Arbeitskraft entstehen könnten. Menschen verursachen bei sich wiederholenden Aktivitäten Fehler. Im Gegensatz zu Roboter werden Fehler vermieden, da sie strikt nach ihrer Programmierung Tätigkeiten ausführen. Mit steigender Komplexität im Unternehmen und hoher Anzahl an Prozessen werden Menschen überfordert. Darüber hinaus steigt die Gefahr, dass Qualitätsprobleme nicht mehr in den Griff zu bekommen sind. Automatisierung leistet einen großen Beitrag zur Qualitätssteigerung und hilft bei der Reduzierung der Anzahl an Prozessen.[8] Fehler erfordern meistens großen Aufwand, um sie zu korrigieren und zu überarbeiten. Dies führt automatisch zu steigenden Kosten, Kundenverlusten und Umsatzeinbußen. Aber nicht nur Fehler wirken sich negativ auf die Qualität aus. Der Einsatz neuer Mitarbeiter im Prozess aufgrund eines Austalls oder Abwesenheit eines anderen Mitarbeiters kann als Nachteil betrachtet werden, da diese Entscheidungen meistens zu Qualitätsmängeln führen können, die bei einem existierenden Roboter nicht auftreten würden.[9] Nicht zu vernachlässigen, ist selbstverständlich die Geschwindigkeit, mit der Geschäftsprozesse abgewickelt werden. Eine höhere Prozessgeschwindigkeit führt zu einer höheren Zufriedenheit bei den Lieferanten und Kunden. Wenn die Prozesse beschleunigt werden und deren Verarbeitungszeit gering ausfallen, dann ergeben sich meistens weniger Kosten. Da die Geschwindigkeit eines Robots von den bestehenden IT-Systemen und ihre Reaktionszeit abhängt, müssen Prozessanpassungen- und Optimierungen vorgenommen werden, um letztendlich eine höhere Geschwindigkeit zu erzielen, mit denen oft Aufgaben in wenigen Minuten abgeschlossen werden, für die Menschen einige Tage brauchen würden.[10]

---

[7] *Hansen, H. R. u. a., Wirtschaftsinformatik,* (2019), S. 166.
[8] Vgl. *Türkoğlu, C., Robotik-Prozessautomatisierung mit SAP Intelligent RPA* (2020). S. 130.
[9] Vgl. *Koch, C., Fedtke, S., Robotic Process Automation,* (2020)., S. 22-23.
[10] Vgl. *Koch, C., Fedtke, S., Robotc Process Automation,* (2020), S. 24-25. ebd..

Die Einführung von RPA erweist sich als eine gute Investition in Unternehmen, von der am meisten die Mitarbeiter zu profitieren haben.[11] Durch Automatisierung wird mehr Zeit gewonnen, um zum Beispiel den Kundenerlebnis zu verbessern oder eine fachlichere Kundenberatung vorzubereiten.[12] Laut einem Beitrag von der-bank-blog.de, der auf eine Studie von Forrester Consulting verweist, gaben 60 % der befragten Mitarbeiter an, dass sie bei der Arbeit kreativer wurden und mehr Zeit für die Entwicklung neuer Geschäftsideen hatten. Darüber hinaus ergab die Studie zwei wichtige Erkenntnisse: Einerseits können erfolgreiche RPA-Projekte durch bereits engagierte und zufriedene Mitarbeiter umgesetzt werden, andererseits können Probleme im Betrieb und psychologische Barrieren das Potenzial von RPA bremsen.[13] Durch den Einsatz von Robotic Process Automation können große Kostenblöcke reduziert werden. Durch die rund um die Uhr Einsetzbarkeit des Roboters und die Tatsache, dass er das Äquivalent von drei oder mehrere Mitarbeiter sein kann, ergibt sich eine erhöhte Verfügbarkeit und Produktivität im Prozess. Programmierkenntnisse sind keine Voraussetzung für die Implementierung von RPA in Geschäftsprozessen. Dies ist ein großer Vorteil dieser Technologie, denn mit den aktuellen Softwarelösungen lassen sich Roboter in kürzester Zeit entwickeln. Änderungen an den vorhandenen IT-Systemen sind nicht notwendig. Der Roboter führt im Hintergrund nichts aus, sondern greift nur auf bestehende Benutzeroberflächen zu. Dies stellt sicher, dass die Einführung von RPA weder riskant noch zu komplex wird. RPA verhilft bei der Zeiteinsparung. Mit Einsatz virtueller Roboter lassen sich nicht nur große Mengen an Aufgaben bewältigen, sondern es können auch große Mengen an Arbeitsstunden gespart werden. Treten im Prozess Änderungen auf, können Maschinen schnell und einfach daran angepasst werden. Die Anpassung an neuen Änderungen führt bei den Menschen zu mehreren Tagen oder Wochen, bis sie in voller Einsatzbereitschaft gelangen.[14]

3.2 Nachteile

Da es sich bei RPA um Softwareroboter handelt, müssen Updates regelmäßig installiert werden. Dieser Vorgang kann zu Systemfehlern und Instabilität des laufenden Geschäftsprozesses führen. Prozessänderungen bringen mehr Kosten und mehr Aufwand mit sich, da im Betrieb des Roboters Anpassungen erforderlich sind.[15] Unternehmen versuchen

---

[11] Vgl. ebd., S. 12.
[12] Vgl. kofax.de (2019).
[13] Vgl. der-bank-blog.de (2019).
[14] Vgl. *Tripathi, A. M., Learning Robotic Process Automation,* (2018), S. 12-14.
[15] Vgl. *Smeets, M. u. a., Robotic Process Automation (RPA) in der Finanzwirtschaft,* (2019), S. 29-30.

wiederkehrende Aktivitäten zu automatisieren, indem sie softwarebasierte Roboter im Büro einsetzen, um die Motivation der Mitarbeiter zu steigern. Trotzdem kann eine Voll-automatisierung im Büro für Beschäftigte sehr riskant werden, denn je mehr automatisiert wird, desto größer besteht die Gefahr, dass Arbeitsplätze verloren gehen. Sind die Mitarbeiter schlecht oder nur gering qualifiziert, kann dieses Szenario tatsächlich eintreten.[16] In vielen Arbeitsbereichen findet bereits ein solches Phänomen statt und mit der Weiterentwicklung der künstlichen Intelligenz ist in den nächsten Jahren mit einem massiven Eingriff in dem Arbeitsmarkt durch intelligente Maschinen zu rechnen.[17]

4. Auswahl des Geschäftsprozesses

In diesem Kapitel werden verschiedene Ansätze vorgestellt, mit denen Automatisierungs-potenziale in ERP-Systemen erkannt werden können. Das Kapitel 4 beschäftigt sich mit der Erstellung eines Proof of Concept und führt anschließend eine Prozessanalyse durch. Ziel ist es, ein Konzept zu erstellen, um die Implementierung eines virtuellen Robots er-möglichen zu können. Dabei soll als ERP-System der Anbieter *weclapp* verwendet und als Geschäftsprozess die Arbeitszeiterfassung gewählt werden. Ziel des Roboters wird es sein, das manuelle Erfassen der Arbeitszeiten in ERP-System zu automatisieren.

Die Einführung einer RPA-Strategie besteht üblicherweise aus den folgenden Phasen:

- **Start**: In der Start-Phase geht es um die Planung und Berechnung der Business-Cases. Hier findet eine Auswahl über geeignete Prozesse statt, die mittels RPA automatisiert werden können, damit z.B Machbarkeitskonzepte und Use-Cases erstellt werden können. In dieser Phase wird auch über geeignete RPA-Plattfor-men entschieden,

- **Ramp-Up:** Diese Phase beschäftigt sich mit der Entwicklung einer Vorgehens-weise für mögliche Robotisierungen im Prozess und mit dem technischen Aufbau einer RPA-Plattform. In dieser Phase werden die Mitarbeiter über die Einführung von RPA informiert,

- **Scale & Institutionalize**: In dieser Phase werden die notwendigen RPA-Rollen festgelegt, sowie das RPA-Governance und das RPA-Operating Model ausgear-beitet. Wurden die Prozesse einmal selektiert, können Entscheidungen über die Skalierung von RPA getroffen werden. Hiermit werden weitere Software-

---

[16] Vgl. computerweekly.com (2020).
[17] Vgl. SpringerLink.com (2018).

Programme für das Monitoring und Steuerung von mehreren Robotern implementiert,

- **Mature & Innovate**: In dieser letzten Phase wird RPA um weitere nützliche Technologien erweitert. Konnte RPA bisher problemlos in Geschäftsprozessen integriert werden und brachte die Automatisierung einen Mehrwert, dann können weitere Überlegungen über die Erweiterung dieser Technologie gemacht werden. Eine Möglichkeit wäre der Übergang von RPA zu SPA (Smart Process Automation), bei dem Geschäftsprozesse nicht nur automatisiert, sondern auch smart werden. Solche Prozesse sind in der Lage, unstrukturierte Daten und komplexe Sachverhalte zu verarbeiten.[18]

4.1 Automatisierungspotenzial identifizieren

Nicht jeder Prozess verfügt über die besten Voraussetzungen in einen automatischen Prozess mit RPA überführt zu werden. Vor Beginn eines jeden RPA-Projekts ist es zunächst sinnvoll, Prozesse zu analysieren, um Automatisierungspotenziale frühzeitig zu identifizieren. Die Beantwortung folgender Fragen kann bei der Prozessanalyse helfen:[19]

- Handelt es sich um einen strukturierten Prozess?
- Handelt es sich um einen Prozess, der wiederholt in Ausführung gebracht wird?
- Handelt es sich um einen Prozess, der sich durch regelbasierte Ereignisse auszeichnet?

Im nächsten Schritt wird der Geschäftsprozess ausgewählt, bei dem zu überprüfen ist, ob die folgenden Minimalkriterien vorliegen:[20]

- In der Abwicklung des Prozesses gibt es **klare Regeln**
- Die Ausführung des Prozesses verfügt über eine **hohe Frequenz**
- Im Prozess werden **elektronische Standardformate** verwendet

Für einen besseren Prozessablauf müssen folgende Zusatzkriterien beachtet werden:[21]

- Einsatz **manueller Eingriffen** auf das Minimum reduzieren, da ansonsten der Prozess ineffizient werden kann

---

[18] Vgl. *Langmann, C., Turi, D., Robotic Process Automation (RPA) - Digitalisierung und Automatisierung von Prozessen, (*2020), S. 13-16.
[19] Vgl. initics.de (2021).
[20] Vgl. *Langmann, C., Turi, D., Robotc Process Automation (RPA) - Digitalisierung und Automatisierung von Prozessen*, (2020), S. 16-17.
[21] Vgl. ebd., S. 17-19.

- **Anzahl der Software-Applikationen** möglichst **gering** halten, um einen stabilen und fehlerfreien Prozessablauf zu gewährleisten
- Die **Anzahl an Benutzern** muss ebenfalls **gering** gehalten werden, um der Systemstabilität nicht zu gefährden

Für eine erfolgreiche Einführung mit RPA spielen die folgenden Sonderkriterien eine wichtige Rolle:[22]

- Die eingesetzten RPA-Lösungen sollen **mehrsprachig** sein. Diese sollen mehrere Sprachen unterstützen, um weitere Zusatzkosten zu vermeiden, falls der Softwareroboter in einem internationalen Mitarbeiterstamm eingesetzt wird
- Die Geschäftsprozesse sollen ein geringes **Sicherheitsrisiko** aufweisen

Bei dem in dieser Arbeit gewählten Geschäftsprozess handelt es sich um einen Prozess, der entweder täglich oder einmal wöchentlich ausgeführt werden kann. Hierbei müssen mehrere Buchungsberichte in Abhängigkeit von Kunde und Projekt erstellt werden. Dieser Prozess eignet sich hervorragend für die Automatisierung mit RPA, da er strukturiert, repetitiv und regelbasiert ist.

4.2 Erstellung eines Machbarkeitskonzept (Proof of Concept)

Um beurteilen zu können, ob RPA im Unternehmen realisierbar ist, empfiehlt es sich mit der Erstellung eines Machbarkeitskonzept zu beschäftigen, bei der es wichtig ist, die folgenden Punkte zu beachten:[23]

- Auswahl eines nicht zu komplexen Geschäftsprozesses
- Entscheidung, ob die Umsetzung durch einen Anbieter oder eigenes Unternehmen erfolgen soll
- Die Vor- und Nachteile in Erwägung bringen
- Vergleichen von existierenden Tools am Markt, die sich durch eine einfache Nutzung und Effektivität auszeichnen
- Entscheidung über die Installation und Betrieb des Roboters, z.B in der Cloud, oder auf unternehmensinternen Servern
- Durchführung von Tests in verschiedenen Anwendungsfällen mit unterschiedlichen Testdaten

---

[22] Vgl. ebd., S. 19.
[23] Vgl. *Türkoğlu, C., Robotik-Prozessautomatisierung mit SAP Intelligent RPA* (2020). S. 105-106.

- Beurteilung des Return of Investment (ROI)

- Auswertung von Ergebnissen

Im nächsten Schritt gilt es, alle am Prozess involvierten Stakeholdern zu überzeugen, indem ihnen das erstellte Proof of Concept präsentiert wird.[24]

4.3 Prozessanalyse

Bei der Prozessanalyse handelt es sich um die Analyse des IST-Zustands eines ausgewählten Prozesses. Die Prozessanalyse hat in Bezug auf die *Zeiterfassung* folgendes Resultat ergeben:

- Die Arbeitszeit wird täglich oder einmal wöchentlich erfasst, dadurch ist der Prozess *wiederkehrend*

- Es wird jedes Mal die gleiche Tätigkeit ausgeführt, dadurch ist der Prozessablauf immer *gleich*

- Der Prozess ist *regelbasiert* und erfordert keinen manuellen Eingriff des Menschen

- Die zu verarbeitenden Daten liegen in *strukturierter* Form vor

- Die Daten können auch *außerhalb* der normalen Betriebszeiten verarbeitet werden

- Der Prozessablauf ist weniger *fehleranfällig*

- Die Automatisierung des ausgewählten Geschäftsprozesses bringt einen *Mehrwert* sowohl fürs Unternehmen als auch für die Mitarbeiter, weil dadurch Zeit und unnötige manuelle Arbeitsschritte gespart werden

Die durchgeführte Prozessanalyse verdeutlicht, dass der Prozess die besten Voraussetzungen bietet, um mit RPA automatisiert zu werden. In der Abbildung 1 lässt sich das ERP-System und die *Zeiterfassung* visuell darstellen.

---

[24] Vgl. *Türkoğlu, C., Robotik-Prozessautomatisierung mit SAP Intelligent RPA* (2020). S. 106.

Abbildung 1: Geschäftsprozess „Zeit erfassen"

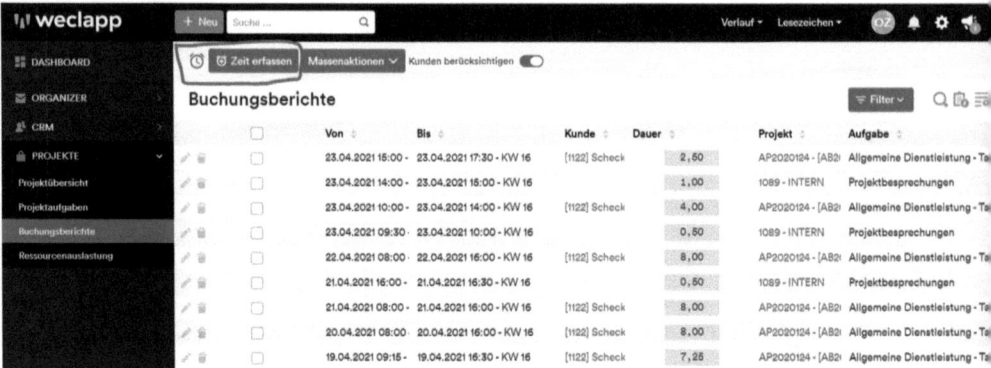

Quelle: https://adscape.weclapp.com/webapp/view/pm/workReportOverview.page?mid=47, Zugriff am 30.05.2021

Zielsetzung

Die Zielsetzung dieser Automatisierung besteht darin, den Mitarbeiter vom lästigen und täglichen Ausfüllen des Buchungsberichts zu entlasten, bzw. unterstützen. Nach dem Start des Programms muss der zu entwickelnde Roboter in der Lage sein, die folgenden Aufgaben selbständig auszuführen:

- Die Webseite des ERP-Anbieters aufrufen
- Die Excel-Tabelle mit den Hauptinformationen einlesen
- Im Navigationsmenü die Option *Buchungsberichte* selektieren
- Das Feld *„Zeit erfassen"* anklicken
- Die entsprechende *Buchungsart* aus der Tabelle auswählen
- Die zu der Buchungsart korrekte *Aufgabe* eintragen
- Das richtige *Datum* und *Uhrzeit* setzen
- Die *Beschreibung* der durchgeführten Tätigkeit eintragen
- Erkennen, ob der Bericht *abrechenbar* ist oder nicht
- Auf das Button *Speichern und Schließen* anklicken

In der Abbildung 2 wird eine Beispielvorlage des oben beschriebenen Buchungsberichts dargestellt.

Abbildung 2: Buchungsbericht

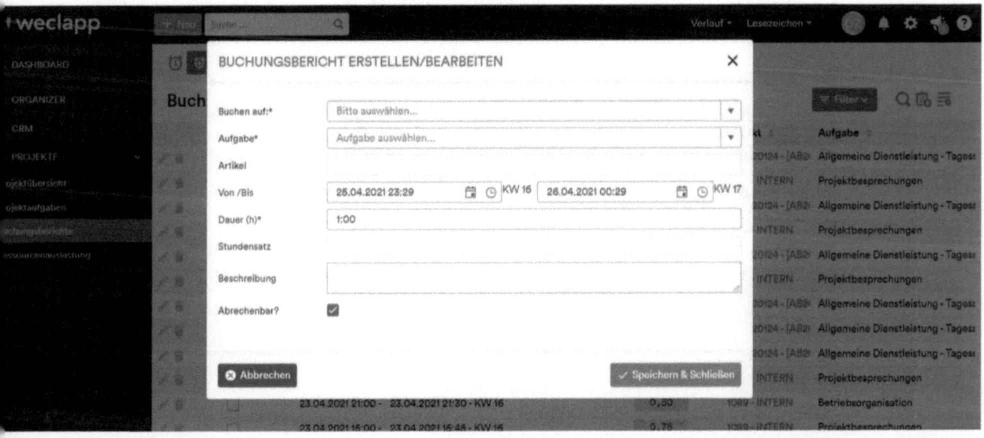

Quelle: https://adscape.weclapp.com/webapp/view/pm/workReportOverview.page?mid=47, Zugriff am 30.05.2021

Während der Ausführung ist der Mitarbeiter jederzeit berechtigt, in den Prozess einzugreifen, den Prozess eventuell zu stoppen oder ihn fortzusetzen. Dadurch wird gewährleistet, dass fehlerhafte Berichte nicht zustande kommen. Die Validierung von Ergebnissen kann direkt beim Ausfüllen des Berichts erfolgen. Der Roboter übernimmt die einzutragenden Daten aus der Excel-Tabelle und füllt die Eingabefelder mit den richtigen Daten aus, anschließend wartet er darauf, bis der Mitarbeiter auf ein Dialogfenster mit seinem „OK" bestätigt hat. Der Roboter setzt umgehend die Arbeit fort, speichert und schließt den Bericht ab. Die Aktivität wird solange ausgeführt, bis die Daten aus der Excel-Tabelle komplett übernommen wurden.

5. Entwicklung des Roboters mit der Software UiPath

Nachdem im Kapitel 4 die Auswahl des Geschäftsprozesses stattgefunden hat und über die Zielsetzung der Automatisierung geklärt wurde, wird sich dieses Kapitel der Entwicklung des Roboters widmen. Die darauffolgenden Seiten geben einen Einblick über die Modellierung des Geschäftsprozesses *Zeiterfassung*. Darüber hinaus wird in den weiteren Unterkapiteln erläutert, wie die Einträge validiert werden können und abschließend wird eine Effizienzmessung über die resultierende Automatisierung durchgeführt.

11

5.1 Modellierung des Geschäftsprozesses

Die Robotisierung eines Geschäftsprozesses umfasst drei wichtige Komponente: *Developer-Komponente*, *Robot* und *Monitoring/Kontroll-Komponente*. Diese bilden die gesamte Architektur des Roboters. Die Developer-Komponente stellt eine Entwicklungsumgebung zur Verfügung, um die Entwicklung und Programmierung des Roboters zu ermöglichen. Hierbei gibt es zahlreiche Aktivitäten, mit denen sich einen automatisierbaren Prozess modellieren lässt. Diese Aktivitäten können zum Beispiel Informationen aus Excel-Tabellen lesen oder darin schreiben, E-Mails öffnen und auf Benutzeroberflächen Funktionen und Applikationen steuern. Folgende Abbildung zeigt die wichtigsten Aktivitäten in UiPath Studio.

Abbildung 3: Screenshot - Aktivitäten in UiPath

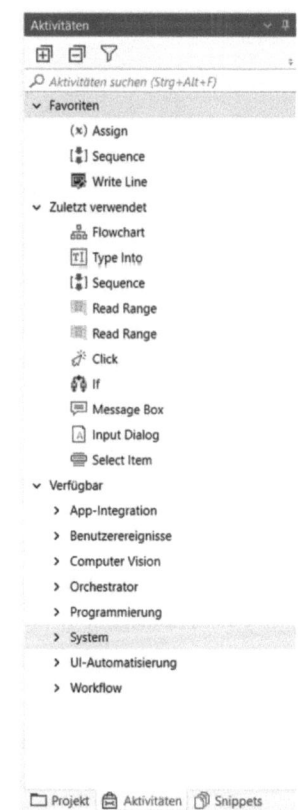

Quelle: Eigene Darstellung

Nach der Modellierung wird mit dem Betrieb der Roboter-Komponente gestartet, wobei der Betrieb entweder auf einem zentralen Server oder einzelnem Computer laufen kann. Sollte der Roboter zentral gesteuert werden, läuft er dann meistens in einer Cloud-Umgebung. Bei der Monitoring-Komponente geht es, wie der Name schon sagt, um die Überwachung des Roboters. Mithilfe dieser Komponente wird dafür gesorgt, dass der Prozessablauf während der Ausführung durch den Benutzer gesteuert und terminiert werden kann. Die laufenden Prozesse lassen sich gut überwachen und Fehler werden zur Laufzeit mitprotokolliert.[25]

Nachdem über die Zusammensetzung des Roboters erläutert wurde, kann im nächsten Schritt mit der Modellierung des Geschäftsprozesses begonnen werden. Die Entwicklung startet mit der Erstellung eines Projektes in UiPath Studio. Jeder Prozess beinhaltet eine *Sequenz*, die eine Reihe von untergeordneten Aktivitäten gemäß einer einzigen definierten Reihenfolge ausführt. Da es sich bei der Zeiterfassung der Mitarbeiter um eine Browserbasierte Applikation handelt, wird in UiPath die Aktivität *Open Browser* gewählt und darin die entsprechende URL eingefügt, damit der Roboter auf die Webseite des ERP-Anbieters zugreifen kann. Innerhalb der Aktivität *Open Browser* wird eine weitere *Sequenz* Aktivität eingefügt, in der eine Reihe von *Click* Aktivitäten aufeinander folgen, die mittels dynamischer Selektoren bestimmte Felder einer Applikation oder Browser anklicken können. Um das automatische Erfassen der Zeit durch den Roboter zu ermöglichen, müssen die Daten in einem Standformat gebracht werden. Die Arbeitszeiten (Mo-Fr) werden je nach Buchungsart, Aufgabe, Datum, Zeit und Beschreibung in einer Excel-Tabelle eingetragen. Mit der Aktivität *Read Range* wird die Excel-Datei für den Roboter lesbar, bei der noch den richtigen Dateipfad und Blattname angegeben werden muss. In einem nächsten Schritt wird die Aktivität *For Each Row in Data Table* als untergeordnete Aktivität verwendet, damit jede Zeile einer Excel-Tabelle eingelesen werden kann. Innerhalb dieser Aktivität wird eine weitere *Sequenz* eingefügt, die wiederum eine Reihe von *Click* Aktivitäten beinhaltet. Ab diesem Schritt wird mit der Automatisierung der Arbeitszeit begonnen. Das Feld „Zeit erfassen" muss anklickbar gemacht werden, damit sich der Buchungsbericht öffnen lässt. Nach der Öffnung müssen die Eingabefelder selektiert und auf die richtigen Spalten in der Excel-Tabelle gemappt werden. Der entsprechende Eintrag kann beispielsweise in UiPath Studio wie folgt aussehen:

---

[25] Vgl. *Langmann, C., Turi, D., Robotic Process Automation (RPA) - Digitalisierung und Automatisierung von Prozessen,* 2020, S. 30-31.

CurrentRow.Item("Buchungsart").ToString. In einem weiteren Schritt ist die Einführung eines Kontrollflusses erforderlich, die mit der Aktivität *If* implementiert werden kann. Es geht hierbei um ein Dialogfenster, das dem Benutzer die Gelegenheit gibt, eine Plausibilitätsprüfung durchzuführen und mit einem „Ok" das weitere Prozessvorgehen zu beeinflussen. Dies kann mit der Aktivität *Message Box* erzeugt werden. Die Auswahl eines „Ok" führt dazu, dass der Bericht endgültig gespeichert und abgeschlossen wird.

5.2 Validierung von Ergebnissen

Um die Fehlerquote zu reduzieren und sich auf die Arbeitsergebnisse verlassen zu können, muss in jeder Automatisierung einen Validierungsprozess integriert werden. Wenn ein Benutzer versehentlich die Maustaste verschiebt, oder wenn mitten im Prozessverlauf auf andere Oberflächen geklickt wird, darf die Arbeit des Roboters nicht unterbrochen werden. Alle Eingabefelder eines Buchungsberichts müssen ebenfalls sauber und vollständig durch den Roboter eingetragen werden. Um dies zu erreichen, ist der Einbau der Aktivität *While* erforderlich. Nachdem die Variablen und die Prüfbedingung gesetzt wurden, kann der Roboter den aktuellen Prozessschritt wiederholen, bis in dem entsprechenden Feld die richtigen Daten enthalten sind. Um sicherzustellen, dass der Roboter nur mit validen Daten arbeitet und in der Excel-Tabelle keine fehlerhaften Einträge vorliegen, ist der Einbau eines Kontrollprozesses schon vor dem Einlesen der Excel-Datei zwingend notwendig. Dieses Vorgehen würde mögliche Tippfehler ausschließen und den Mitarbeiter bei Unregelmäßigkeiten darauf hinweisen, die betroffenen Stellen zu verbessern. Dieser Kontrollfluss lässt sich durch die Aktivitäten *IsMatch* und *If* einbauen.

5.3 Effizienzmessung

Nach der Modellierung des Geschäftsprozesses, Testen und Betrieb des Roboters ist es zunächst erforderlich, die Arbeitsergebnisse zu evaluieren. Letztendlich muss überprüft werden, ob die implementierte Automatisierung in der Tat eine Zeiteinsparung und eine Arbeitserleichterung für den Mitarbeiter gebracht hat. Um die Zeiten im ERP-System zu erfassen, stehen zwei Möglichkeiten zur Verfügung, die in einer täglichen oder wöchentlichen Erfassung erfolgen kann. Bei einer späteren Erfassung besteht die Gefahr, dass die Berichte fehlerhaft oder unvollständig erzeugt werden. Eine tägliche Erfassung ist mit einer zusätzlichen Arbeitsbelastung beim Mitarbeiter verbunden. Deshalb lohnt es sich bei der wöchentlichen Erfassung zu bleiben und in einem einzigen Schritt die noch offenen Berichte mit Projektname, Datum, Uhrzeit und Aufgabenbeschreibung zu befüllen.

14

Folgende Tabelle vergleicht den manuellen mit dem automatischen Prozess und verdeutlicht die Endergebnisse der Einführung von RPA bei der Zeiterfassung im ERP-System.

Tabelle 1: Evaluierung von Ergebnissen

	Manueller Prozess	Automatischer Prozess
Benötigte Zeit	26 Min 01 Sek	04 Min 31 Sek

Quelle: Eigene Darstellung

6. Kritische Betrachtung

Die Auswahl des zu automatisierenden Geschäftsprozesses wurde in dieser Ausarbeitung
nur in groben Zügen behandelt. Eine ausführlichere Beschreibung hätte den Rahmen dieser Arbeit gesprengt. Im Kapitel 5 wird über die Modellierung des Prozesses erläutert,
jedoch wird hier der Prozess grafisch nicht dargestellt, da die Darstellung mehrere Seiten
umfasst hätte. Dies wird im Rahmen der Präsentation in einem kurzen Video vorgestellt.
Die erfolgreiche Entwicklung eines automatisierten Prozesses ist eng mit einer Testphase
verbunden. Die Berücksichtigung einer Testphase in einem separaten Kapitel konnte in
dieser Ausarbeitung ebenfalls aufgrund der Komplexität und des größeren Umfangs nicht
betrachtet werden.

7. Fazit

Das Ziel dieser Arbeit war den Einsatz von Robotic Process Automation in Bezug auf
ERP-Systeme zu demonstrieren. Auf den vorherigen Seiten wurden zunächst die begriff-
lichen Grundlagen erläutert und im Anschluss auf die Vor- und Nachteile der Automatisierung eingegangen. In den weiteren Kapiteln folgten verschiedene Ansätze, die sich mit
der Auswahl und Analyse von Geschäftsprozessen beschäftigten. Mit den gewonnenen
Erkenntnissen konnte schließlich die Implementierung einer automatischen *Arbeitszeiterfassung* durch einen Softwareroboter realisiert werden.

Robotic Process Automation wird die Automatisierung in ERP-Systemen revolutionie-
ren. In Zeiten von Big Data spielt die Robotisierung von Geschäftsprozessen eine große
Rolle, um deren Abwicklungen zu beschleunigen, oder Zeit und Kosten zu sparen. Von
den vielfältigen Möglichkeiten des RPA profitieren die Mitarbeiter am meisten, da sie
aus Tätigkeiten befreit werden, für die der Mensch größtenteils ungeeignet ist. Eine große
Herausforderung stellt zurzeit die steigende Komplexität von Prozessen und die hohe Anzahl von Anwendungen in Unternehmen dar, die in der Regel zur Entstehung von

Überstunden und Überforderung bei den Mitarbeitern führen. In Kombination mit KI kann die Automatisierung in Geschäftsprozessen ein neues Niveau erreichen. Neue Möglichkeiten könnten eröffnet werden, Roboter wären in der Lage mit Kunden zu interagieren, um zur Optimierung des Kundenerlebnisses beizutragen.[26] Die Angst in Bezug auf Abbau von Arbeitsplätzen in Unternehmen kann in der Art überwunden werden, indem Mitarbeiter im Vorfeld geschult und direkt mit diesen Technologien in Kontakt gebracht werden, um die Zusammenarbeit zwischen Mensch und Maschine hautnah erleben zu können, denn Automatisierung ist nicht gleichzusetzen mit Arbeitsvernichtung.[27]

---

[26] Vgl. toolbox.com (2019).
[27] Vgl. creditreform-magazin.de (2019).

8. Literaturverzeichnis

Hansen, Hans Robert, Mendling, Jan, Neumann, Gustaf (Wirtschaftsinformatik, 2019): Wirtschaftsinformatik - Grundlagen und Anwendungen, 12. völlig neu bearbeitete Auflage, Berlin et al.: De Gruyter, 2019

Koch, Christina, Fedtke, Stephen (Robotic Process Automation, 2020): Robotic Process Automation - Ein Leitfaden für Führungskräfte zur erfolgreichen Einführung und Betrieb von Software-Robots im Unternehmen, Berlin et al.: Springer Berlin Heidelberg; Imprint: Springer Vieweg, 2020

Langmann, Christian, Turi, Daniel (Robotic Process Automation (RPA) - Digitalisierung und Automatisierung von Prozessen, 2020): Robotic Process Automation (RPA) - Digitalisierung und Automatisierung von Prozessen - Voraussetzungen, Funktionsweise und Implementierung am Beispiel des Controllings und Rechnungswesens, Wiesbaden: Springer Fachmedien Wiesbaden; Imprint: Springer Gabler, 2020

Smeets, Mario, Erhard, Ralph, Kaußler, Thomas (Robotic Process Automation (RPA) in der Finanzwirtschaft, 2019): Robotic Process Automation (RPA) in der Finanzwirtschaft - Technologie – Implementierung – Erfolgsfaktoren für Entscheider und Anwender, Wiesbaden: Springer Fachmedien Wiesbaden; Imprint: Springer Gabler, 2019

Tripathi, Alok Mani (Learning Robotic Process Automation, 2018): Learning Robotic Process Automation - Create Software robots and automate business processes with the leading RPA tool - UiPath, Birmingham: Packt Publishing, 2018

Türkoğlu, Cengiz (Robotik-Prozessautomatisierung mit SAP Intelligent RPA, 2020): Robotik-Prozessautomatisierung mit SAP Intelligent RPA, 1. Auflage, Norderstedt: BoD-Books on Demand, 2020

Internet-Quellen

computerweekly.com (2020)

Violino, Bob (2020): Die Vor- und Nachteile von Robotic Process Automation (RPA), https://www.computerweekly.com/de/feature/Die-Vor-und-Nachteile-von-Robotic-Process-Automation-RPA, Abruf am 18.04.2021

creditreform-magazin.de (2019)

Könemann, Tanja (2019): Was Künstliche Intelligenz im Büro leisten kann, https://creditreform-magazin.de/technik/kuenstliche-intelligenz-im-buero/, Abruf am 24.05.2021

der-bank-blog.de (2019)

Hansjörg, Leichsenring (2019): RPA verschafft Mitarbeitern mehr Freiraum, https://www.der-bank-blog.de/rpa-mitarbeiter-freiraum/studien/digitalisierung/37653614/, Abruf am 11.04.2021

initics.de (2021)

initics GmbH (2021): Potenzial zur Automatisierung erkennen, https://initics.de/blog/automatisierungspotenzial-erkennen, Abruf am 18.03.2021

irpaai.com (2019)

IRPAAI (2019): Definition and Benefits, https://irpaai.com/definition-and-benefits/, Abruf am 06.04.2021

kofax.de (2019)

Huff, Chris (2019): Die überraschende Wahrheit: Intelligent Automation und RPA erhöhen die Mitarbeiterzufriedenheit, https://www.kofax.de/learn/blog/worker-satisfaction-improves-after-rpa, Abruf am 11.04.2021

SpringerLink.com (2018)

Kharchenko, Anastasia; Keinschmidt, Tim; Karla, Jürgen (2018): Callcenter 4.0 – Wie verändern Spracherkennung, Künstliche Intelligenz und Robotic Process Automation die bisherigen Geschäftsmodelle von Callcentern, https://link.springer.com/content/pdf/10.1365/s40702-018-0405-y.pdf, Abruf am 18.04.2021

toolbox.com (2019)

Schrötel, Sebastian (2019): RPA: A Must-Have for Digital Transformation,
https://www.toolbox.com/tech/artificial-intelligence/guest-article/rpa-a-must-have-for-digital-transformation/, Abruf am 22.05.2021

vkb.de (o.J)

Versicherungskammerbayern (o.J): Roboter und die Zukunft der Arbeit,
https://www.vkb.de/content/magazin/geld-leben/zukunft-der-arbeit/, Abruf am 05.04.2021

zeit.de (2016)

Spät, Patrick. (2016): Die Massenarbeitslosigkeit kommt zurück,
https://www.zeit.de/karriere/beruf/2016-01/zukunft-arbeit-arbeitsmarkt/komplettansicht, Abruf am 06.04.2021